JUGEMENT

DE LA

HAUTE-COUR DE JUSTICE,

QUI rejette la demande de Babeuf, afin d'audition de 4 témoins par lui indiqués.

AU NOM DU PEUPLE FRANÇAIS;

La séance de la LA HAUTE-COUR DE JUSTICE ayant été ouverte le vingt-sept Brumaire de l'an cinq, à dix heures du matin,

LES ACCUSATEURS NATIONAUX, par l'organe du citoyen Viellart, l'un d'eux ont dit :

CITOYENS JUGES,

Amis [...] enfin déterminé à subir interrogatoire, Babeuf a demandé, conformément, a-t-il dit, à l'article XVIII de la loi du 29 thermidor, sur l'organisation de la Haute-Cour, que les témoins dont il a donné l'indication [...]

[...] Commissaire du Gouvernement [...] française de l'Amérique.

LEMOR-SENAULT, [...]

[...] DOYEN [...]

AUBERT-DUBAYET ci-devant Ministre de la guerre, main tenant Ambassadeur à Constantinople.

Nous ne nous arrêterons sur aucunes des réflexions qui naissent du choix fait par Babeuf, de quatre témoins tous quatre fixés en pays étrangers, par les plus importantes fonctions. Il n'est que trop évident que c'est une véritable dérision que de vouloir faire appeler des quatre parties du monde, des individus qui ne pourraient donner aucune lumière sur les faits qui font la matière de l'instruction dont nous sommes chargés, puisque déjà ils étaient peut-être hors de France, à la première époque de ces faits; aussi Babeuf lui-même n'a-t-il pu, quoique la loi, comme vous le verrez, lui en imposât le devoir, il n'a pu, disons-nous, annoncer ce qu'on pourrait attendre des témoignages qu'il provoque; et il est clair que tout son objet est d'entraver la marche de cette affaire, de multiplier et de prolonger les procédures, et il n'a pas même pris la peine de dissimuler quel est son véritable but.

« Je ne renonce point encore a-t-il dit, en consentant à subir « interrogatoire, je ne renonce point à plus d'un appel que « nous aurons sans doute le temps de soumettre aux prochaines « assemblées primaires ; certaines données, poursuit-il, nous « garantissent qu'elles devront être, contre l'attente d'un certain « peuple, un peu mieux que les dernières, composées du véri- « table peuple.

« Il faudrait, pour que nous n'eussions pas ce loisir, « ajoute-t-il encore, que la Haute-Cour sollicitât des nouvelles « journées révolutions, pour obliger l'observation des formes « que les lois qu'on nous peut reprocher d'invoquer.

« Ainsi l'objet politique de Babeuf n'est pas équivoque ;

c'est du tems qu'il veut gagner ; ce n'est que pour gagner du tems qu'il invoquera les formes, qu'il élevera des incidens, qu'il multipliera ses demandes ; et c'est apparemment dans cette vue, qu'il vous propose aujourd'hui de faire appeler et entendre quatre témoins placés à un tel éloignement, qu'il serait difficile de déterminer quel délai serait nécessaire pour obtenir leur témoignage.

Ce délai, devez-vous, pouvez-vous l'accorder? Les loix existantes autorisent-elles Babeuf à le demander? Vous permettent-elles de déférer à sa réclamation? C'est ce qu'il s'agit d'examiner en ce moment.

Et d'abord, consultons la loi générale, le code des délits et des peines.

Aux termes de l'article CCCXXXI, l'accusateur public est tenu, aussitôt que les pièces d'un procès lui ont été remises, de faire ses diligences pour que l'accusé puisse être jugé à la première assemblée du Juri de jugement qui sera convoqué après son arrivée, et c'est au 15 de chaque mois, que l'article CCCXXXII veut que le Juri de jugement soit convoqué par le président du Tribunal criminel.

Si l'accusateur ou l'accusé, porte l'article CCCXXXIII ont des motifs pour demander que l'affaire ne soit pas portée à la première assemblée du Juri, ils présentent au Tribunal criminel une requête en prorogation de délai, et le Tribunal, poursuit l'article CCCXXXIV, décide si cette prorogation doit ou non, être accordée.

Mais est-ce une prorogation indéterminée, indéfinie, qui peut être demandée, soit par l'accusé, soit par l'accusateur public? Est-ce une prorogation indéterminée, indéfinie que peut accorder le Tribunal criminel? Non ; la loi ajout

à l'article CCCXXXIV qui permet d'accorder une prorogation, que s'il l'accorde, *il ne peut proroger le
délai au-delà de l'assemblée du Juri qui aura
lieu le 15 du mois suivant.*

Ainsi, un mois, un seul mois, c'est tout le délai que la
loi permet aux Tribunaux criminels d'accorder, soit à l'accusé
soit à l'Accusateur public ; le jugement d'un procès criminel
ne peut être différé de plus d'un mois, quelques soient
les motifs que l'accusateur public ou l'accusé présentent
pour demander une prorogation de délai.

A cet égard, Le code des délits et des peines ne contient que
les dispositions que renfermait la loi de septembre, 1791,
qui a fondé l'institution du Juri parmi nous. Il paraît que des
Tribunaux criminels s'étant trouvé embarassés par l'indication de témoins essentiels qui étaient dans l'impossibilité
physique de comparoître devant les Jurés, dans les termes
prescrits par la loi. La Convention fut, au mois de messidor
de l'an 2, consultée sur ce qui devait être fait en pareil
cas. La Convention passa à l'ordre du jour ; et sur quel
motif? *Sur ce que la loi de septembre 1791 «ne
«permet pas que l'examen d'un procès crimi-
«nel puisse être renvoyé plus d'un mois au-delà
«du jour où il devait avoir lieu.* tel est l'énoncé du
considérant qui se trouve en tête de la loi du 2 messidor
an 2, qui passe à l'ordre du jour sur les difficultés proposées
sur ce que devaient faire les Tribunaux criminels, lorsque
des témoins essentiels se trouvent dans l'impossibilité physique de comparoître devant les Jurés.

Cette loi du 2 messidor a donc consacré de nouveau le
principe général, que l'examen d'un procès ne peut être
renvoyé plus d'un mois au-delà du jour où il doit avoir

lieu. Il est vrai qu'elle avait distingué les délits ORDINAIRES relativement auxquels elle a consacré le principe, et les délits RÉVOLUTIONNAIRES pour lesquels elle avait introduit des exceptions qu'elle faisait dépendre d'autorisations des comités de Salut public et de Sûreté générale. Mais la distinction faite par cette loi, entre les délits ORDINAIRES et les délits RÉVOLUTIONNAIRES ne peut plus exister ; la Haute-Cour ne peut chercher de règles de conduite dans des institutions uniquement établies pour les Tribunaux révolutionnaires, et Babeuf lui-même ne voudrait pas, sans doute, que son procès s'instruisit RÉVOLUTIONNAIREMENT.

Tout ce qui reste de la loi du 2 messidor, an 2 c'est donc le témoignage rendu aux principes qu'il faut bien se déterminer à se passer des témoins qui ne peuvent se rendre devant les Jurés, et qui ne peuvent s'y rendre dans les délais au-delà desquels il n'est pas permis aux Tribunaux criminels de remettre l'examen des procès portés devant eux.

Il a cependant existé une loi qui a dérogé à ce principe, c'est celle du 8 prairial, an 2, relative aux témoignages des militaires et des employés aux armées. Cette loi établissait que les militaires qu'il ne faut pas distraire de leurs drapeaux, feraient leurs déclarations par écrit, sur les notes et demandes, ou de l'accusé, si c'était lui qui la réclamait ou de l'accusateur public ; que dans tous les cas, ces déclarations seraient débattues par l'accusé à qui elles seraient communiquées, et qui pourrait adapter sur ses réponses ou débats écrits, une nouvelle délibération, un examen des témoins ; cette sorte de correspondance devait être lue publiquement devant les Jurés de jugement, et tenait lieu de déposition orale et de débats. Les Jurés devaient être interpellés par le président du Tribunal criminel, pour déclarer si elle leur suffisait, et dans le cas de l'affirmative, ils répondaient sur les questions relatives au fond de l'affaire; Si au contraire ils croyaient nécessaire à leur instruction, d'entendre oralement le témoin, sur la déclaration qu'ils en auraient faite, il devait être sursis au jugement *jusqu'à ce que le témoin pût se rendre.*

Nous ne faisons aucun doute que cette Loi ne soit abrogée par l'article DXCIV du code des délits et des peines qui porte que les dispositions de ce code doivent seules, à l'avenir, régler l'instruction et la forme, tant de procéder que de juger relativement aux délits de toute nature; qu'en conséquence, les Lois de septembre mil sept cent quatre-vingt treize sont rapportées ainsi que toutes celles qui ont été rendues depuis pour les interpréter ou les modifier; mais, au surplus, il est bien essentiel de remarquer que la Loi du huit prairial ne donnait pas aux Tribunaux criminels le droit de proroger indéfiniment l'examen d'un procès, sous prétexte qu'il pouvait y avoir des témoignages de militaires à recueillir dans la forme qu'elle prescrivait; ce n'était qu'en cas d'une déclaration des jurés attestant qu'il était nécessaire à leur instruction d'entendre oralement un militaire dont la déclaration avait été précédemment reçue sans retardation du procès; ce n'était que dans ce cas unique qu'il pouvait être sursis au jugement, *jusqu'à ce que le témoin pût s'y rendre.*

Mais, nous le répétons, cette Loi n'autorisait pas le Tribunal Criminel à proroger le délai pour recueillir les déclarations écrites des militaires; nous répétons, sur-tout, que cette Loi du huit prairial est rapportée, et aucune de ses dispositions n'étant rentrée dans le code des délits et des peines qui seul règle aujourd'hui la forme de procéder, il

résulte qu'il n'y a pas le moindre argument à tirer de cette
Loi pour favoriser le système des délais indéfiniment
prolongés.

Tel est donc incontestablement le principe général, c'est
que tout Tribunal Criminel doit procéder, sans retard, à
l'examen et au jugement de tout procès porté devant lui
et que, sous aucun prétexte, il ne peut accorder une prorogation de délai plus longue d'un mois, soit que l'accusateur public, la requère soit que l'accusé la demande.

L'organisation particulière de la Haute-Cour déroge-t-elle
à cet égard à la régle générale? La Haute-Cour peut-elle
accorder des délais indéfinis, soit aux accusateurs nationaux
pour acquérir de nouvelles charges contre les accusés, soit
aux accusés pour se procurer des moyens de défense? C'est
vainement que l'on cherche dans la Loi du vingt Thermidor
quelque disposition qui puisse paraître favorable à cette
opinion.

Il n'était pas possible d'assigner à la Haute-Cour un terme
fixe auquel commencerait l'examen du procès qui lui est
soumis. Indépendamment de toutes ces circonstances et du
nombre extraordinaire des accusés à l'égard de chacun
desquels, contumax et détenus, il y a une procédure à
régulariser, la seule nécessité de convoquer les Jurés des
diverses parties de la France, ne pouvait permettre de
marquer à l'avance un terme au-delà duquel l'ouverture du
débat ne pourrait être différée. Mais la Loi de l'organisation
de la Haute-cour a soin de spécifier tous les délais qui sont
susceptibles de l'être; elle restraint par-tout les seuls délais
qu'elle permet d'accorder, autres que ceux résultant de l'irré-
ductible nécessité des choses.

Ainsi, c'est AUSSITÔT APRÈS la proclamation du Corps législatif pour annoncer la formation de la Haute-Cour que ceux des Hauts-Jurés qui croyent avoir des causes légitimes doivent les proposer en envoyant à la Haute-Cour les pièces qui en prouvent la légitimité ; ils les enverront SUR LE CHAMP porte l'article IV.

C'est IMMÉDIATEMENT après le premier interrogatoire de l'accusé, porte l'article IX, qu'il doit être procédé à la formation du tableau, tant des seize Hauts-Jurés que des quatre adjoints et des quatre suppléans ; C'EST DANS LES CINQ JOURS de la présentation de ce tableau à l'accusé, qu'il doit proposer ses premières récusations ; C'EST DANS LES VINGT-QUATRE HEURES après les premières récusations que la Haute-cour doit former un nouveau tableau ; C'EST DANS LES CINQ JOURS que l'accusé peut proposer ses récusations motivées ; C'EST DANS LES VINGT-QUATRE HEURES suivantes que le Tribunal EST TENU de prononcer sur l'admissibilité des moyens de récusation (articles X, XII et XIV.)

Le Haut-Juri déterminé, c'est SANS DÉLAI que les mandemens de convocation doivent être expédiés ; c'est SANS RETARD qu'ils doivent être notifiés ; c'est QUINZE JOURS au plus tard après la notification, que les Hauts-Jurés doivent être rendus dans la commune qui leur est désignée, (articles XVI, et XVII.)

Les articles XVIII, XIX et XX, relatifs aux témoins sont conçus dans des termes également exclusifs de tous délais autres que ceux qu'ils déterminent. Les accusés devant la Haute-cour, dit l'article XVIII, seront tenus dans le délai de *cinq jours*, après leur interrogatoire d'indiquer les témoins

témoins qu'ils désireront faire entendre. Ils pourront pour cet objet (article XIX) présenter leur requête ensemble ou séparement , mais SANS PROLONGATION DE CE DÉLAI. Faute d'avoir présenté leur requête dans ce délai , poursuit l'article XX , ils ne pourront faire entendre leurs témoins qu'à l'époque désignée pour le débat , et IL NE LEUR EN SERA PLUS ACCORDÉ DE NOUVEAU.

Si la Loi n'a pu déterminer une époque précise pour l'ouverture du débat , n'est-il pas manifeste , que , loin de favoriser le système des délais multipliés et prolongés , elle s'est au contraire appliquée à fixer tout ce qui était possible de l'être. La Haute-cour est sans doute maîtresse de déterminer l'époque du débat mais cette époque ne doit-elle pas être celle où la procédure sera en règle , où les Jurés seront convoqués et réunis ? La loi prévoyant qu'une foule de difficultés ne reculeraient que trop cette époque de l'ouverture du débat n'a pas laissé à la Haute-cour la faculté qu'ont les Tribunaux criminels d'accorder au ... au délai d'un mois. L'époque du débat une fois désignée , aucune espèce de délai ne pourra plus être accordée par la Haute-cour. Ne serait-ce pas violer ouver- ... ... l'ouverture ... au terme où la procédure sera en règle , ... convoqués et réunis à Vendôme.

... que l'organisation particulière de la ... ne laisse pas plus de latitude pour accorder ... que n'en ont les Tri- ... code des délits et des peines ... code des délits et des peines , ... Tribunaux criminels de procé- ... dans la session qui suit l'arrivée ... pendant toutes-fois d'accorder une pro-

rogation d'un mois si l'accusé ou l'accusateur public la de-
mandent, mais la loi ne pouvant prescrire à la Haute-cour un
terme fixe pour l'ouverture du débat, étant nécessitée de s'en remettre à elle pour désigner cette époque, aussitôt que le per-
mettrait la marche générale de la procédure et la convocation
des Jurés, elle ne lui a permis d'accorder aucun nouveau délai sous aucun prétexte, soit qu'il soit demandé par
l'accusé, soit qu'il soit requis par l'Accusateur national.

Les principes ainsi posés, examinons la demande formée
par Babeuf, de faire entendre quatre témoins, tous quatre
en pays étranger; et rappelons-nous que deux sont agens de
la République auprès des nations étrangères; qu'un troi-
sième est commissaire du Gouvernement aux isles françaises
d'Amérique; que le quatrième est le secrétaire de ce commissaire du Gouvernement.

Nous avons déjà observé que l'éloignement des lieux où
résident ces quatre témoins est tel qu'il serait difficile de déterminer le délai qu'il faudrait accorder à Babeuf pour obtenir leurs témoignages; et quels obstacles sur-tout ne pour-
rait-on pas rencontrer à l'égard de ceux qu'il faudrait aller
chercher au-delà des mers! Ce serait donc un délai indé-
terminé, indéfini, dont il serait impossible non-seulement de
fixer, mais même de prévoir le terme qu'il faudrait accorder
à Babeuf. Le pouvez vous, au mépris des règles générales,
retracées à chaque ligne de la Loi particulière de votre organisation?

Et qu'elle [illegible] peut servir de prétexte à la demande de Babeuf? Les personnes dont il réclame le témoignage, peuvent-elles avoir la moindre connaissance des faits
imputés à Babeuf et à ses co-accusés? Babeuf vous dit-il ce
qu'elles pourront déclarer à sa justification et à sa décharge?

Annonce-t-il quelque fait important qu'elles pourront attester? Indique-t-il les points de l'affaire sur lesquels elles pourront jetter quelque lumière?

Non; c'est vainement que Babeuf a demandé à faire entendre les quatre témoins qu'il a nommés, sans vous apprendre que son choix ait été déterminé par un autre motif que l'éloignement des lieux où ils résident. Ainsi, quand vous auriez le droit d'accorder à Babeuf les délais nécessaires pour faire entendre les témoins qu'il désigne, vous ne trouveriez dans sa demande aucun motif raisonnable de les lui accorder.

Mais des obstacles plus particuliers s'opposent encore à la proposition que vous a fait Babeuf de faire appeler en témoignage les quatre témoins qu'il vous a désignés.

C'est ici le moment de vous entretenir d'une Loi du vingt Thermidor dernier. La question s'étant élevée sur la manière dont pourraient être assignés en témoignage les membres du Corps législatif et ceux du Directoire exécutif, une commission fut nommée pour présenter, à cet égard, un projet de résolution. Le Représentant du peuple Siméon, organe de cette commission, fit son rapport le douze Thermidor; il établit que les membres du Corps législatif, ni ceux du Directoire exécutif ne pouvaient être enlevés à leurs importantes fonctions pour aller en des lieux éloignés, rendre des témoignages utiles seulement à des affaires particulières. En conséquence, un projet de résolution fut proposé par Siméon [...] les faits qu'il [...] choisir le [...] membres du Corps législatif et du Directoire [...] Thermidor [...] le [...] leurs dépositions seront prises, par écrit, etc.

les faits, demandes et questions, qui par le Juge civil ou par l'Officier de police judiciaire, Directeur du Juri, ou Président du Tribunal criminel devant lequel leur témoignage serait requis, seraient adressés au Directeur du Juri ou Président du Tribunal criminel du lieu où ils se trouveraient; que ces déclarations seraient envoyées dûement scellées et cachetées aux Tribunaux requérans; qu'en matière criminelle elles seraient communiquées à l'accusé et à l'accusateur public; que dans l'examen du Juri de Jugement ces déclarations seraient lues publiquement, d'examen par l'accusé et ses conseils, pour, par les Jurés y avoir tel égard que de raison.

La solidité des principes et la sagesse des vues développées à ce sujet par le rapporteur ne parurent pas au corps législatif d'hésiter sur l'adoption du projet qu'il présenta, mais on remarqua que les mêmes motifs militaient à l'égard des Ministres, à l'égard des Agens de la République près les Nations étrangères. Ils furent compris nominativement dans la Loi qui intervint sur cet objet.

dans l'hipothèse, où déjà ils seraient à leur poste, on les aurait sans doute autorisés à faire leurs dépositions à la chancellerie du consulat de la République même, et dans leur secrétariat, là où il n'y aurait pas de Consul.

Le silence de la loi du 20 thermidor sur ce point, son silence sur le point bien plus important, des délais qu'il eût fallu accorder, si cette loi supposait que le témoignage d'un agent de la république près les nations étrangères fût dans le cas d'être recueilli, lors même qu'il est déjà rendu au lieu de sa mission, tout nous confirme que cette loi du 20 thermidor fournit de nouveaux motifs d'écarter la demande de Babeuf, quant à AUBERT-DUBAYET et à JEAN-BON SAINT-ANDRÉ.

1°. Il est évident que la loi du 20 thermidor ne permet pas de les appeler pour le débat. Comme agens de la République française près les nations étrangères, ils ne pourraient être tenus qu'à donner des déclarations écrites.

2°. Quels Officiers, la Haute-Cour permet-elle auprès de recevoir leurs déclarations écrites ? Les Chanceliers [illegible]

tions sur lesquels doit porter la déclaration. Or, nous avons déjà fait observer plus d'une fois que Babeuf n'a fourni aucune demande ni question ; il n'a indiqué aucun fait sur lequel AUBERT DUBAYET et JEAN-BON SAINT-ANDRÉ pourraient donner quelque éclaircissement.

Ainsi donc, nul doute, qu'en supposant même à la Haute-Cour le droit d'accorder les délais nécessaires, en supposant que Babeuf présentât des motifs raisonnables d'accorder un délai, AUBERT DUBAYET et JEAN-BON SAINT-ANDRÉ, par leur seul caractère d'Agents de la République, auprès des nations étrangères, ne sont, d'après la loi du 20 thermidor dernier, ni susceptibles d'être appelés pour comparoître devant les Hauts-Jurés, et déposer oralement, ni dans le cas de passer des déclarations écrites.

On peut douter que les mêmes réflexions puissent s'appliquer au citoyen LEBLANC, Commissaire du Gouvernement aux Isles françaises. Quelqu'analogie qu'il y ait entre ses fonctions et celles des Ministres compris dans la loi du 20 thermidor, toujours est-il vrai qu'il n'a pas cette qualité de Ministre ; et quelque les motifs qui ont fait [illegible] les Ministres dans la loi du 20 [illegible] particulieres à la Haute-cour, ne permettaient pas de proroger les délais.

Pour terminer enfin par une observation qui est commune aux quatre témoins indiqués par Babeuf, nous ferons remarquer que la loi relative à l'organisation de la Haute-cour a déterminé le mode, suivant lequel les témoins doivent être assignés à y comparoître. « Les accusateurs nationaux « porte l'article XXI, enverront les assignations à donner « aux témoins, aux accusateurs publics des Tribunaux cri-« minels des Départemens, qui les feront notifier et en « enverront de suite les originaux aux Accusateurs nationaux. Voilà donc les seuls instrumens que la loi nous fournisse pour appeler les témoins. Nous ne pouvons agir à cet égard, que par l'intermédiaire des accusateurs publics près les Tribunaux criminels des Départemens.

Or rien n'est encore organisé à Saint-Domingue, puisque le Corps législatif a été dans l'impossibilité de déterminer la division de cette Isle en Départemens, opération qui lui a été remise par l'article VII de l'acte constitutionnel. Nous ne pouvons donc point là, d'accusateurs publics près les Tribunaux criminels des Départemens.

...ride dans le législation, mais c'est aux législateurs seuls qu'il appartient de le remplir.

Ils seront sans doute frappés de l'extrême rareté des cas où les témoignages d'individus non résidans en France peuvent être réellement utiles. Ils craindront de fournir des moyens... d'évasion à un accusé, qui, redoutant l'issue d'une procédure ne chercherait, qu'à la prolonger d'une manière également contraire à la bonne administration de la justice et à l'intérêt de ses co-accusés.

Mais enfin quelques rares qu'ils soient, ils peuvent exister ces cas où la justice et l'innocence ont besoin de témoignages d'individus résidans en pays étranger. Le législateur ne doit-il pas prévoir ces cas? peut-il en laisser où la justice soit privée d'une lumière qu'on lui indique, et l'innocence d'un appui qu'elle réclame.

« mon objet est d'avoir le tems de soumettre mon appel
« aux prochaines assemblées primaires que certaines données
« me garantissent devoir être contre l'attente d'un certain
« peuple, un peu mieux que les derniéres, composées du
« véritable peuple. »

Serait-t-il donc permis de se jouer ainsi de la Justice et de
ses ministres? Serait t-il permis d'abuser des formes au point
qu'on pût avouer qu'on n'en attend pas les avantages qu'elles
ont pour objet d'assurer aux accusés, mais, qu'on veut seulement gagner du tems, multiplier les procédures, éterni-
ser l'instruction? Il faut ici le déclarer solemmnellement à
Babeuf et à ceux de ses co-accusés qui seraient tentés de
marcher sur ses traces, la Haute-cour saura toujours distin-
guer parmi les demandes des accusés, celles qui auront pour
objet leur véritable et légitime deffense, de ces incidens
qu'élevent la mauvaise foi et l'esprit de chicane. Pleins de res-
pect pour tout ce qui tend à la défense réelle des Accusés
les Accusateurs nationaux accorderont cette espèce de moyens,
de tout leur pouvoir; et les Juges de la Haute-Cour les ac-
cueilleront avec empressement. Mais, les Accusateurs-Natio-
naux s'opposeront avec fermeté, et la Haute-Cour proscri-
ra, avec courage tout ce qui ne lui sera proposé que dans la
seule vue d'embarrasser sa marche. Elle n'oubliera point que
la France entiere, peut-être encore incertaine sur l'existence
d'une conspiration qu'on lui a dénoncée comme ayant été
sur le point de la replonger dans les horreurs de l'anarchie,
attend, avec impatience, que ses jugemens solemnels lui aprennent,
soit en la vengeant des coupables, s'il y en a, punisse les accusés, soit en proclamant leur innocence.

Nous supplions, en conséquence, qu'il nous soit avoir apris
à l'individu nommé Babeuf, de [illegible] mesures dont il a donné

été lue dans la séance de son interrogatoire par lui subi devant le Président de la Haute-Cour, le seize du présent mois, il soit ordonné qu'il sera passé-outre à l'instruction du procès.

Sur quoi,

La Haute-cour ordonne qu'il en sera délibéré en la chambre du Conseil pour le délibéré être prononcé, sur-le-champ; et après en avoir délibéré et repris sa séance publique;

Considérant que le code des délits et des peines n'indique aucune forme pour appeler en témoignage les individus résidans en pays étranger; que les délais dans lesquels il prescrit qu'il soit procédé à l'examen et au jugement des procès criminels ne laisserait pas le tems d'appeler ces témoins, et exclut ainsi toute possibilité de le faire.

Considérant que la Loi particulière sur l'organisation de la Haute-cour, ne renferme non plus aucune disposition applicable à des témoins qu'il serait nécessaire d'appeler des pays étrangers, et qu'au contraire elle suppose nécessairement que les seuls individus se trouvans sur le territoire français peuvent être cités en témoignage pardevant elle, puisque l'article XXI porte que les assignations à donner aux témoins seront envoyées par les Accusateurs Nationaux, aux Accusateurs Publics des Tribunaux criminels des Départemens qui les feront signifier.

Considérant que les quatre témoins indiqués par Baboeuf deux ne sont plus de la République, mais les Nations étrangères, savoir: AUBERT DUBAYET, Ambassadeur à Constantinople, JEAN-BON St. ANDRÉ, consul à Alger; qu'aux termes de la loi du 20 Thermidor dernier, il ne pourrait leur être demandé que des déclarations écrites, mais que Baboeuf n'a fourni aucune des faits dont lesquels il entend

nul officier résident, soit à Constantinople, soit à Alger,
ne se trouve désigné par la Loi du vingt Thermidor, comme
ayant caractère pour recevoir ces sortes de déclarations ;

Considérant qu'à l'égard du cit. LEBLANC, commissaire
du Gouvernement aux îles d'Amérique, et au cit. LESAGE-
SENAULT, son Secrétaire ; leur éloignement exigerait pour
les appeler, des délais indéterminés et indéfinis que n'auto-
risent ni le code des délits et des peines, ni la Loi sur l'organisation de la Haute-cour ;

Considérant enfin, que Babeuf n'a proposé aucune espèce
de motifs qui puisse faire présumer la plus légère utilité
dans la déclaration des témoins qu'il indique.

La Haute-cour, sans avoir égard à l'indication faite par
Babeuf, de quatre témoins dont il a donné la liste dans la
séance de l'interrogatoire par lui subi devant le président, le
quinze du présent mois, ordonne qu'il sera passé outre à l'instruction du procès.

Fait et prononcé au Palais National de la Haute-cour de
Justice, à Vendôme, Département de Loir et Cher, dans
la séance publique du vingt-sept Brumaire de l'an cinquième
de la République française, une et indivisible, à laquelle étaient
présents les citoyens Yves-Nicolas-Marie GANDON, Président ; Charles PAJON, Jacques COFFINHAL, Etienne-
Vincent MOREAU, et Bruno-Philibert AUDIER-
MASSILLON, tous Juges de la Haute-cour de Justice, qui
ont signé avec le Greffier.

AU NOM DU PEUPLE FRANÇAIS, il est enjoint

Commandants de la Force publique, de prêter main-forte
lorsqu'ils en seront légalement requis.

En foi de quoi le présent Jugement a été signé et scellé,
conformément à la Loi.

Collationné, signé à l'expédition,

JEAN-BAPTISTE JALBERT, Greffier,

et dûment scellé.

NOUS PRIONS LE LECTEUR DE BIEN VOULOIR CONSIDERER
QUE LES EVENTUELS DEFAUTS APPARENTS DE CETTE
MICROFICHE NE SONT DÛS QU'A L'ETAT DE CONSERVATION
DU LIVRE ORIGINAL.

Dépôt légal : 3ème trimestre 1973

www.ingramcontent.com/pod-product-compliance
Lightning Source LLC
Chambersburg PA
CBHW061638050726
47595CB00007B/3248